Erzähl mir von Weihnachten!

Mein Geschichtenschatz zur Weihnachtszeit

arsEdition

Inhaltsverzeichnis

Luis rettet den Weihnachtsmann   9

Wunderbare Waldweihnacht   35

Weihnachten wie noch nie!   61

Der kleine Engel und die Heilige Nacht   93

Luis rettet den Weihnachtsmann

Eine Geschichte von Sandra Grimm
Mit Bildern von Silvio Neuendorf

Frühmorgens am Heiligen Abend, es ist noch dunkel draußen,
huscht eine helle Sternschnuppe über den Dezemberhimmel.
Sie zischt aus den Wolken heraus, fliegt zwei Kurven
und fliegt wieder hinein. Wo sie Löcher in die Wolken reißt,
wirbeln die Schneeflocken auf die Erde.
Immer wilder saust die Sternschnuppe durch den Himmel –
bis sie im Sturzflug zur Erde fällt.
Mit einem gewaltigen WUBB! landet sie im Schnee.
Nanu? Was mag das gewesen sein?

Das war keine Sternschnuppe, das war ein Schlitten!
Ein prächtiger Schlitten mit neun wunderschönen
Rentieren davor. Rasch rappeln sie sich wieder auf und
traben noch mal zum Himmel hinauf, wo sie üben,
den großen neuen Schlitten zu ziehen ...

Doch die Rentiere haben etwas vergessen.
Da liegt noch jemand im Schnee! Es ist ein dicker Mann
mit einem langen Bart. Langsam krabbelt er aus der Schneewehe.
Er streicht sich über die Stirn. Das gibt eine mächtige Beule!
»Was mache ich hier?«, murmelt er verwirrt.
»Warum habe ich so einen komischen roten Mantel an?«

Der alte Mann lacht. »Gewiss wollte ich Holz holen.
Aber ich habe wohl meine Säge vergessen.«
Er beugt sich zu einem Eichhörnchen hinab.
»Weißt du vielleicht, wo ich wohne?«
Das Eichhörnchen flitzt erschrocken davon.
»Mal sehen, ob das kleine Kerlchen den Weg kennt«,
meint der Mann fröhlich und läuft pfeifend hinterher.

Es dauert nicht lange, da kommt er an ein kleines Bauernhaus.
»Hübsch hier«, murmelt er vergnügt und drückt auf den
silbernen Klingelknopf. DINGDONG!
In diesem Bauernhaus frühstückt Luis gerade mit Papa.
Mama ist schon einkaufen gefahren.
Als es klingelt, rennt Luis zur Tür und öffnet.
»Potz Blitz!«, flüstert er.
»Wer ist denn da?«, ruft Papa aus der Küche.
Aber Luis kann nicht antworten. Was soll man auch sagen,
wenn der Weihnachtsmann vor der Tür steht, obwohl er
noch gar nicht vor der Tür stehen soll?
Erst als der Weihnachtsmann »Guten Morgen« sagt,
schüttelt Luis den Kopf.
»Du bist viel zu früh dran«, sagt er streng.
»Jetzt ist Frühstückszeit!«
Der Weihnachtsmann lacht. »Lecker!«, findet er und stapft
gleich in die Küche.

In der Küche starrt Papa den Weihnachtsmann an, der beherzt in Luis' Marmeladenbrötchen beißt.

»Entschuldigen Sie bitte«, sagt Papa höflich.

»Sind Sie nicht zu früh dran?«

Der Weihnachtsmann schmatzt. »Zu früh? Wofür?«

»Für die Bescherung natürlich«, sagt Luis.

»Geschenke bringst du erst heute Abend.«

Bedauernd schüttelt der Weihnachtsmann den Kopf.

»Geschenke habe ich leider nicht gefunden. Nur meine Mütze lag im Schnee.«

Dann erzählt er Papa und Luis, wie er im Schnee aufgewacht ist und dass er gar nicht mehr weiß, was er da wollte.

»Ach du lieber Himmel«, stöhnt Papa. »Der Weihnachtsmann hat vergessen, wer er ist – und das am Heiligen Abend!«

Der Weihnachtsmann sieht ihn fröhlich an.

»So ein Dummer. Wer ist denn dieser Weihnachtsmann?«

Luis erzählt dem Weihnachtsmann, was Weihnachten ist
und was er machen muss: mit dem Schlitten von
Haus zu Haus fliegen …

… und durch Schornsteine klettern.

Der Weihnachtsmann lacht.
»Durch Schornsteine klettern?
Mit meinem dicken Bauch? Niemals!
Und fliegen kann ich auch nicht.
Ihr seid ja lustige Leute.«

Da springt Luis auf. Er hat eine Idee.
Wenn der Weihnachtsmann genau das macht, was er immer an
Heiligabend macht, muss er sich doch erinnern!
Rasch wickelt Luis zwei alte Spielzeuge in Geschenkpapier ein
und stopft sie in einen Sack. »Komm«, ruft er.
»Wir beschenken die Nachbarn. Vielleicht fällt dir dann
alles wieder ein!« Er zieht den Weihnachtsmann
hinter sich her nach draußen.

Zusammen gehen sie nach nebenan.
»Aufs Dach klettere ich aber nicht«, sagt der Weihnachtsmann kichernd. Also muss er an der Tür klingeln.
Verwundert starren Luis' Nachbarn ihn an.
»Ich bringe Geschenke«, sagt der Weihnachtsmann freundlich.
Die Nachbarn nicken verwirrt.
»Du bist aber früh dran«, sagt Lena.
Und sie wundert sich sehr über das alte Hasenpuzzle,
das eigentlich für viel kleinere Kinder ist.

Doch das Geschenkeverteilen scheint zu wirken:
Als sie wieder gehen, flüstert der Weihnachtsmann Luis zu:
»Ich erinnere mich. Das habe ich sonst auch gemacht!«
Luis nickt begeistert.
»Ich glaube, ich bin ein Postbote«, jubelt der Weihnachtsmann.
Luis seufzt. »Völlig falsch!«

Als Nächstes nehmen sie den Weihnachtsmann auf dem
alten Traktor mit.
»Fahr ganz schnell«, flüstert Luis in Papas Ohr.
»Vielleicht erinnert er sich dann an seine Schlittenfahrten!«
Leider ist ein Traktor langsam. Wenn doch Luis' Mama nur nicht das
Auto zum Einkaufen genommen hätte. Ein Auto ist viel schneller!
Aber Luis' Papa braust so rasch er kann.
Der Bart des Weihnachtsmanns flattert im Wind.
Er strahlt.

»Ich erinnere mich!«, schreit er. »So schnell war ich auch immer.
Ich glaube, ich bin ein Rennfahrer!«
Seufzend hält Papa an. »Oder ein Bauer?«, fragt der
Weihnachtsmann vorsichtig.

»Fahr zum Waldrand«, ruft Luis plötzlich. »Zum Wildtiergehege!«
Papa nickt und gibt Gas. Im Wildtiergehege gibt es Hirsche.
Ob die den Weihnachtsmann an seine Rentiere erinnern?
»Du hast neun Rentiere an deinem Schlitten«, erklärt Luis.
»Eines heißt Rudolf. Erinnerst du dich?«
Der Weihnachtsmann lacht.
»Rudolf? Wer nennt ein Rentier denn Rudolf?«
Luis sieht Papa an und schüttelt den Kopf.

Traurig fahren sie nach Hause. Was nun?
Es ist schon Nachmittag. Bald muss der Weihnachtsmann auf seine
Reise gehen, sonst schafft er es nicht, alle Kinder zu beschenken!

Zu Hause tröstet Papa Luis: »Wir können es
nicht ändern, mein Schatz. Dann feiert er eben mit uns.
Kommt, wir schmücken den Baum.«

Dann geschieht etwas Merkwürdiges.
Als der Baum fertig geschmückt ist, steht der Weihnachtsmann
ganz still davor. Es sieht aus, als ob er träumt.
Rasch zündet Papa die Kerzen an.
Der Weihnachtsbaum strahlt feierlich und golden.
Luis schiebt seine Hand in die große Weihnachtsmannhand.
»Erinnerst du dich?«, flüstert er leise.
Der Weihnachtsmann drückt seine Hand und nickt.
Luis atmet erleichtert auf. Endlich.

Draußen kommt ihnen Mama entgegen.

»Ich bin spät dran, es war so voll, ich … Wer ist denn das?«, fragt sie verblüfft.

»Ich bin der Weihnachtsmann«, sagt der Weihnachtsmann lächelnd und pfeift auf zwei Fingern.

Nur einen winzigen Augenblick später löst sich eine Sternschnuppe vom Himmel, wird rasch größer und landet schließlich als schimmernder Schlitten vor dem Haus.

Der Weihnachtsmann begrüßt seine Rentiere.
»Habt ihr euch Sorgen gemacht, weil ihr mich nicht finden konntet?«
Die Rentiere schnauben zustimmend.
»Ihr habt die Geschenke mitgebracht, sehr gut. Jetzt aber schnell,
wir müssen noch weit reisen!«
Er sieht Mama und Papa fragend an.
»Könnten Sie für ein paar Stunden auf Luis verzichten?«
Papa lächelt. »Aber anschnallen«, sagt Mama.
Luis bleibt vor Staunen der Mund offen stehen.
Soll das heißen, er darf mit dem Weihnachtsmann mitfahren?
Da hebt Papa ihn bereits auf den Schlitten.

Der Weihnachtsmann setzt Luis lachend
seine rote Mütze auf.
Schon ruft er:

»Die Hufe hebt und zieht dann an,
damit der Schlitten fliegen kann!
Lauft, Rentiere, mit aller Kraft –
nun beginnt die Weihnachtsnacht.«

Die Rentiere scharren kurz mit den Hufen, dann galoppieren sie los.
Der Schlitten hebt sanft von der Erde ab, gleitet lautlos über den Zaun
und fliegt sternschnuppenschnell davon.
Luis atmet die kalte Winterluft tief ein. Von seinen Füßen bis zu den
Ohrenspitzen kribbeln tausend kleine Freudenfunken in ihm.
»Hohoho«, flüstert er. Das spannendste und aufregendste Abenteuer
seines Lebens kann beginnen …

Wunderbare Waldweihnacht

Eine Geschichte von Edith Thabet
Mit Bildern von Marlis Scharff-Kniemeyer

»Tok-tok-tok«, macht es. Tini, die kleine Maus,
blickt erschrocken aus ihrem Mäuseloch.
»Heute ist Weihnachten! Ich trommle gerade alle
unsere Freunde zusammen«, sagt Berthold Specht.
Aufgeregt schlüpft Tini aus ihrer Höhle.
Das muss sie sofort ihrem Freund, dem Häschen
Hopplahops, erzählen! Es ist ihr erstes Weihnachtsfest!
Ob wohl der Weihnachtsmann auch den Tieren
im Wald Geschenke mitbringt?
Tini wünscht sich eine Mütze mit bunten Streifen.
Hopplahops hätte gerne warme Stiefel.

Nach und nach versammeln sich die Tiere
bei der kleinen Tanne. Ricki Reh hat Kastanien
mitgebracht und Eichhörnchen Flitz Nüsse.
Winni Wildschwein und Ferdi, der Fuchs,
sammeln noch rasch die schönsten Fichtenzapfen.
Von dem »Tok-tok-tok« ist sogar Laubfrosch Quaklibert
aus seiner Winterstarre aufgewacht. Er hatte es sich
im Herbst in einem Erdloch neben der Tanne
gemütlich gemacht.

Während die Freunde mit ihren Schätzen
die Tanne schmücken, singt Quaklibert ein
selbst erfundenes Weihnachtslied:

»*Heut kommt der Qui-qua-Weihnachtsmann
von weit her mit dem Schlitten an.
Drum qui-qua-qui-qua-schmücken wir
die wunderschöne Tanne hier!*«

»Ach, wenn ich doch nur auch so gut singen
könnte!«, seufzt Ricki Reh gerührt.

»Hoffentlich findet der Weihnachtsmann zu uns!«, sagt
Tini. Hopplahops hat eine Idee: Ein Wegweiser muss her!
Mit seinen Krallen ritzt er in ein flaches Stück Holz:
»Zum Weihnachtsfest der Tiere«.
Dann bindet er das Holz an einen abgebrochenen Ast
und stellt ihn beim Forstweg auf.

Tini klettert auf die Spitze des Wegweisers und
sieht sich um. »Keine Spur vom Weihnachtsmann!«,
seufzt sie. »Komm, wir gehen ihm entgegen!«
Doch Hopplahops schüttelt den Kopf.
»Besser nicht. Es wird bald dunkel«, meint er.
»Nur ein kleines Stück!«, bettelt Tini.
»Also gut«, gibt Hopplahops nach.

Tini und Hopplahops sind schon oft den Forstweg
bis zur Anhöhe entlanggetrippelt.
Von dort wollen sie Ausschau halten.
Aber weder Weihnachtsmann noch Rentierschlitten
sind zu sehen.
»Er kommt doch nicht zu uns!«, fiepst Tini
nach einer Weile ganz traurig.
»Sieht so aus. Es hat keinen Sinn, noch länger zu warten.
Gehen wir lieber zurück zu den anderen!«, sagt Hopplahops.
»Nur noch ein kleines bisschen!«, bettelt Tini
und blickt angestrengt in die Ferne.
»Wir wissen ja nicht einmal, aus welcher Richtung
er kommt – wenn er kommt!«, wendet das Häschen ein.

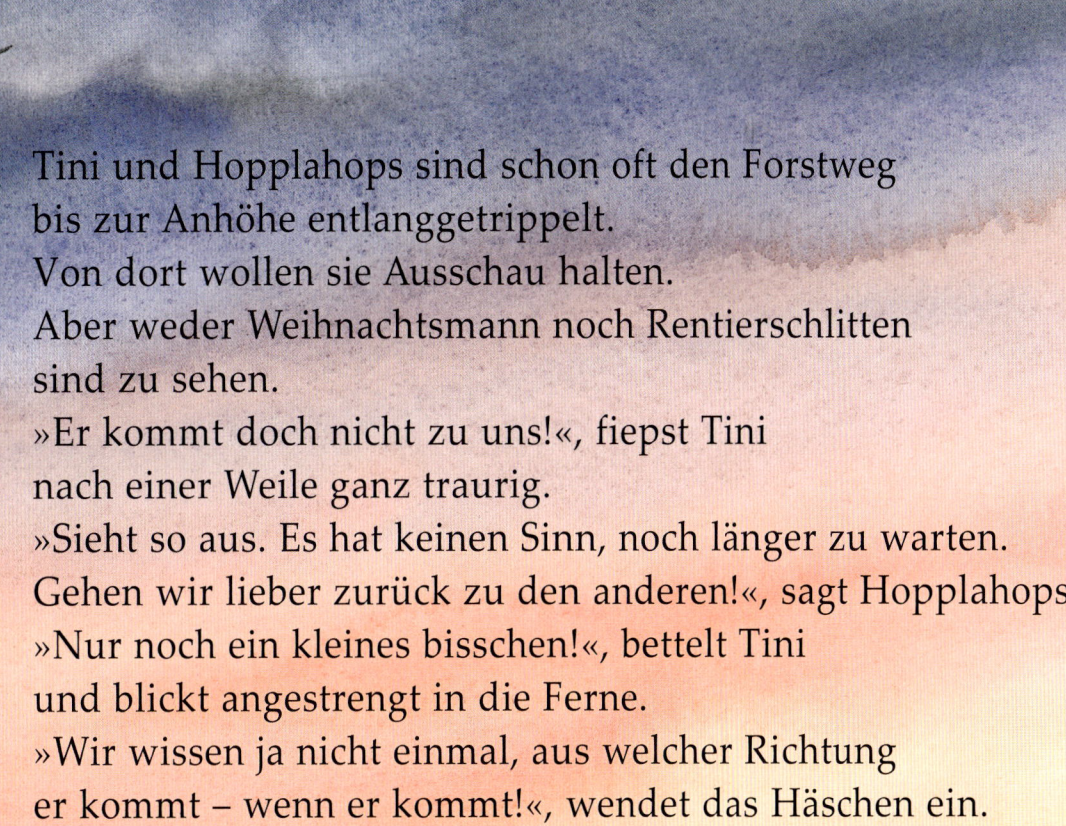

Um den Weihnachtsmann ja nicht zu verpassen,
laufen sie auf der Anhöhe zuerst ein Stück
nach links, dann nach rechts.
Und gleich noch einmal: nach links und nach
rechts. Und noch einmal …
»Ich kann nicht mehr!«, piepst Tini schließlich.
Sie hat in der Nähe eine alte Hütte entdeckt
und schlüpft durch die angelehnte Tür hinein.
»Ich kann auch nicht mehr!«, keucht
Hopplahops und lässt sich neben Tini fallen.
Bald schlummern beide tief und fest.
Sie merken nicht, dass es draußen wieder
zu schneien beginnt. Immer mehr und immer
größere Flocken tanzen vom Himmel herunter.

Plötzlich wacht Tini auf und schaut aus der Tür hinaus.
Wohin sie auch blickt – alles ist weiß und tief verschneit!
Sie stupst Hopplahops mit der Schnauze an, um ihn zu wecken.

»Lass mich schlafen! Ich habe gerade einen schönen Traum!
Der Weihnachtsmann schenkt mir warme rote Stiefel und
dir einen blau-gelb-grün gestreiften Schwimmreifen!«,
sagt Hopplahops und kneift die Augen fest zu.

»Ich brauche keinen Schwimmreifen, sondern eine warme Mütze!
Aber jetzt sag mir lieber, wie wir nach Hause finden!«,
entgegnet Tini. Hopplahops öffnet die Augen.
»Keine Ahnung!«, stammelt er erschrocken, als er in den
Schnee blickt. Er kennt zwar den Weg zurück ganz genau,
nur – da ist kein Weg mehr!
Alles ist glitzerweiß!
»Was machen wir jetzt?«, fragt Tini.

Inzwischen haben Ricki Reh, Eichhörnchen Flitz,
Berthold Specht, Winni Wildschwein und Ferdi,
der Fuchs, die Tanne fertig geschmückt.
Laubfrosch Quaklibert singt immer noch.
»Moment mal!«, stoppt Eichhörnchen Flitz
den Froschgesang. »Wo sind eigentlich
Tini und Hopplahops?«
Niemand hat sie weglaufen sehen.
Niemand weiß, wo sie sind.
Quaklibert quakt so laut er kann.

Winni Wildschwein grunzt ununterbrochen:
»Tini! Hopplahops!«
Ricki Reh sucht im Gebüsch.
Ferdi Fuchs guckt in alle Höhlen.
Eichhörnchen Flitz flitzt kreuz und quer
und die Bäume hinauf und hinunter.
Berthold Specht fliegt über die Baumkronen
und sucht aus der Luft.

Zwei Stunden Suche vergehen. Ohne Erfolg!
Die Freunde sind verzweifelt.
Winni Wildschwein spricht aus, was alle denken:
»Hoffentlich ist den beiden nichts passiert!«
Da bemerkt Ferdi Fuchs den Wegweiser beim Forstweg.
»Ich glaube, sie sind dem Weihnachtsmann
entgegengegangen«, meint Ferdi.
Und Winni Wildschwein ergänzt: »Dann sind
sie jetzt vielleicht auf dem Hügel, um zu
sehen, aus welcher Richtung er kommt!«

So schnell sie können hasten die Tiere den Forstweg
entlang zum Hügel hinauf. Ricki Reh fällt die offen
stehende Tür der Hütte schon von Weitem auf.
Gleich darauf entdeckt Ricki Reh auch Tini und Hopplahops.
»Kommt alle her! Sie sind hier, bei der Hütte!«, ruft Ricki.
Sofort laufen, hüpfen, fliegen und flitzen die Freunde zu ihnen.

»Was habt ihr euch nur dabei gedacht, einfach wegzulaufen,
ohne uns Bescheid zu geben?«, schimpft Ferdi, der Fuchs.
»Lass nur! Wir sind froh, dass ihr gesund und
munter seid!«, beruhigt ihn Eichhörnchen Flitz.
»Zu dumm, dass wir eingeschlafen sind!«,
klagt Tini. »Jetzt haben wir den
Weihnachtsmann bestimmt
verpasst!«

Berthold Specht fliegt zur kleinen Tanne voraus.
Plötzlich hören die Freunde sein lautes »Tok-tok-tok!«.
Es klingt sehr aufgeregt.
Als sie bei Berthold ankommen, ist Quaklibert vor
Überraschung zum ersten Mal in seinem Leben sprachlos.
Aber auch alle anderen können es nicht fassen!
Auf ihrer Tanne hängen glitzernde Girlanden und
bunte Glaskugeln. Kerzen stecken an den Zweigen
und an der Spitze funkelt ein goldener Stern.
Davor steht eine Futterkrippe, vollgefüllt mit
Geschenken, mit Äpfeln und anderen Leckereien.
Für jeden ist etwas dabei!

Hopplahops und Tini sehen etwas Rotes und
etwas Buntes unter der Tanne hervorschimmern.
»Meine Stiefel!«, ruft Hopplahops voll Freude
und probiert sie gleich an.
»Und eine gestreifte Mütze für mich!«, jubelt Tini
und setzt sie auf. Auch die anderen Tiere entdecken
Geschenke für sich.
Quaklibert hat seine Stimme wiedergefunden
und singt aus voller Kehle:

»Nach einem Tag voll Abenteuer
gibt's jetzt eine Weihnachtsfeier.
Ich singe vor, ihr singt im Chor:
›Quak-quak, pieps-grunz, tok-tok,
quak-quak, pieps-grunz, tok-tok!‹«

Aber zum Feiern kommt der Frosch nicht mehr.
Fast fallen ihm die Augen zu. Müde, sehr müde
tapst er zu seinem Erdloch und bald schläft
er wieder tief und fest.

Der Schnee glitzert und funkelt im
Mondlicht mit den Sternen um die Wette.
Hopplahops stapft immer noch begeistert
mit seinen neuen Stiefeln im Schnee umher
und Tini macht Luftsprünge vor Freude
über die warme Mütze.
Plötzlich hören die Freunde ein feines Klingeln.
Schnee knirscht, Äste knacken.
Dann saust ein Schlitten an ihnen vorbei.
Er wird von vier Rentieren gezogen.
Dahinter sitzt ein alter Mann mit weißem
Vollbart und winkt ihnen freundlich
lächelnd zu. Der Schlitten ist leer.
Alle Päckchen sind verteilt.
»Danke, lieber Weihnachtsmann!«,
rufen die Tiere. Dann sind
Weihnachtsmann und Schlitten
auch schon wieder im Wald
verschwunden.

»Von mir aus könnte jeden
Tag Weihnachten sein!«,
sagt Tini verzaubert.

Weihnachten
wie noch nie!

Eine Geschichte von Friederike Wilhelmi
Mit Bildern von Julia Ginsbach

»Endlich geht es los!«, denkt Konstantin,
als er von seinem Mittagsschlaf aufwacht.
Den macht er nur noch an den Tagen,
an denen er abends länger aufbleiben darf.
Und heute ist so ein besonderer Tag.
Denn heute ist der 24. Dezember und
in seinem Bauch kribbelt die Vorfreude.

Konstantin saust die Treppe hinunter.
Im Ofen brutzelt die Weihnachtsgans.
Die mag er zwar nicht so gerne,
aber die superleckere Weihnachtscreme
mag er umso lieber.
Konstantin sieht die große Schüssel
mit dem besten Nachtisch der Welt draußen
auf dem Fensterbrett stehen.
Ihm läuft das Wasser im Mund zusammen.

Da hört er Papa im Wohnzimmer brüllen: »Aua!«
Schnell läuft Konstantin zu ihm.
Papa hat den Zeigefinger im Mund und nuschelt:
»Dieser verdammte Nadelbaum, der pikst
dieses Jahr besonders schlimm!«
Konstantin grinst. Jedes Mal, wenn Papa
den Weihnachtsbaum im Ständer befestigt,
schimpft er dabei schrecklich laut.
Konstantin atmet erleichtert auf.
Denn es scheint alles so zu sein wie immer.
Und genau so will er es haben!
Er hatte Sorge, dass es anders werden könnte,
weil es das erste Weihnachtsfest im neuen Haus ist.

Konstantin schaut in den Garten.
Dort entdeckt er einen kleinen Tannenbaum.
»Papa, wie kommt denn der kleine Baum
dorthin?«, fragt er.

»Das ist die Spitze von diesem«, antwortet Papa.

»Er war einfach zu groß.«

»Oh«, sagt Konstantin und betrachtet lange die Spitze
im Schnee.

»Wo ist eigentlich Mama?«, fragt Konstantin schließlich.

»Sie ist im Keller und sucht den Christbaumschmuck«,
antwortet Papa.

Konstantin läuft zur Kellertreppe und ruft hinunter:

»Mama, holst du mich, wenn du mit dem Schmücken
anfängst? Ich will mithelfen.«

»Ja – ja …«, antwortet Mama.

Schnell läuft Konstantin in sein Zimmer, denn er muss noch
seine Geschenke einpacken. Er hat für alle etwas gebastelt.
Für Mama, Papa, Oma und Opa.

Kaum ist alles eingepackt, ruft Mama ihn schon.
»Wo ist denn der Christbaumschmuck?«,
fragt Konstantin, als er Mama mit leeren Händen
vor dem Baum stehen sieht.
»Der ist weg!«, antwortet Mama verzweifelt.
»Beim Umzug muss die Weihnachtskiste verloren
gegangen sein. Ich kann sie nirgends finden.«
»Aber so ist es doch kein Weihnachtsbaum«,
meint Konstantin enttäuscht.
»Wir schmücken ihn trotzdem, ist doch klar!«, ruft Papa
voller Tatendrang. Er nimmt das bunte Armband von
Mamas Arm und den Schlüsselbund aus seiner
Hosentasche. Beides hängt er an den Baum.
»Das wäre doch gelacht, wenn aus diesem Piksbäumchen
kein Weihnachts-Prachtbaum werden würde!«

Konstantin und Mama schauen Papa verdutzt an.
Dann verstehen sie! Sie fangen sofort an,
in allen Schubladen herumzukramen.
Dann legt Mama noch Weihnachtsmusik auf
und laut singend durchstöbern die drei
das ganze Haus nach brauchbarem
Weihnachtsschmuck.

Davon finden sie eine ganze Menge.
Es dauert gar nicht lange, da steht
vor ihnen der verrückteste
Weihnachtsbaum der Welt.

Endlich hören sie ein Auto vorfahren.
»Oma und Opa!«, ruft Konstantin, und die ganze Familie
läuft nach draußen, um die Großeltern zu begrüßen.
Konstantin liebt Oma und Opa über alles, und glücklich
kuschelt er sich an Opas warmen, dicken Bauch.

Plötzlich fällt die Haustür zu.
Und Mama fragt Papa: »Hast du deinen Schlüssel?«
»Nein – und du?«, fragt Papa zurück.
Sie schauen sich fassungslos an, und Konstantin ruft laut:
»Die hängen doch beide am Weihnachtsbaum!«

Sofort fangen alle an, fürchterlich zu frieren,
denn es ist bitterbitterkalt.
»Ich rufe den Schlüsseldienst an«, sagt Papa
und nimmt das Handy der Großeltern.
»Der kann die Tür wieder aufmachen«,
erklärt Opa seinem Enkel, der vor Kälte zittert.
»Kommt in die Gartenscheune«,
schlägt Mama vor. »Wer weiß, wie lange
wir noch warten müssen.«

Oma und Opa kramen einige Wollsachen aus ihrem
Koffer und alle packen sich darin gemütlich ein.
»Schaut nur!«, ruft Mama plötzlich.
»Der Christbaumschmuck!«
Tatsächlich: Oben auf einem Holzstapel steht der
vermisste Karton.
»Und, was machen wir jetzt damit?«, fragt Oma.
»Ich habe eine Idee«, sagt Konstantin und
geht hinaus in die Kälte.

Konstantin stapft durch den tiefen Schnee zur
kleinen Weihnachtsbaumspitze.
»Das fand ich sowieso ganz traurig, dass du hier
so alleine warst«, sagt er zum Bäumchen und
schleift es bis zur Scheunentür.

Plötzlich fällt ihm die große Nachtischschüssel
auf der Fensterbank wieder ein. Schnell flitzt er hin.
Zum Glück steht sie dort noch. Ganz vorsichtig
trägt er die schwere Schüssel durch den Garten
zur Scheune.

Erst schmücken sie gemeinsam den kleinen Baum,
dann stellt Konstantin die Nachtischschüssel in die Mitte.
Mama findet in ihrem alten Puppenhaus vier kleine
Puppengläser für die Großen.
Und Konstantin darf den Schöpflöffel benutzen.
Genussvoll schleckend sitzen sie alle um die Schüssel
herum.

Schließlich packt Oma auch noch ihren leckeren
Weihnachtskuchen aus und sagt lachend: »Hier ist der
Nachtisch vom Nachtisch. Bitte bedient euch!«
Das lässt Konstantin sich nicht zweimal sagen,
und mit vollem Mund ruft er:
»Das ist ein Festessen, wie ich es mag!«

Als alle satt sind, darf Konstantin sein Geschenk von
Oma und Opa auspacken. Heraus kommt ein Bilderbuch
und Opa liest es vor. Es ist die Weihnachtsgeschichte,
die von Maria und Josef erzählt.
Auf der Suche nach einem Schlafplatz fanden die beiden
keine Herberge, obwohl Maria hochschwanger war.
Nur in einer Scheune fanden sie Unterschlupf,
und dort wurde das Jesuskind geboren.

Konstantin lauscht gebannt der geliebten Stimme
seines Großvaters und betrachtet glücklich die
geschmückte Scheune. An dem kleinen Bäumchen
leuchten die Kugeln im Kerzenschein, glitzernde
Weihnachtssterne hängen an der Decke und ein
gelber Engel schwebt am Fenster.

Großvater liest von den vielen Tieren vor,
die das Jesuskind besuchten, und von dem leuchtenden
Stern über der Hütte, der den Heiligen Drei Königen
aus dem Morgenland den Weg zum Jesuskind wies.
Ob es in der Scheune damals auch
so gemütlich war wie jetzt in unserer?,
fragt sich Konstantin.

Konstantin schließt die Augen und
stellt sich vor, dass er das Jesuskind sei.
Mama und Papa sind Maria und Josef
und Oma und Opa sind Esel und Ochse.
Bei dem Gedanken muss er lächeln.
Nein, das ist gemein.
Sie sind die Heiligen Zwei Könige.
Und als er überlegt, ob er für
das Jesuskind schon zu groß sei und
vielleicht lieber der dritte König
sein sollte, schläft er ein.

Der Schlüsseldienst kommt erst spät am Abend und öffnet der Familie die Haustür.

Als Mama und Papa Konstantin in sein Bett tragen, wird er wach und flüstert schlaftrunken:
»Versprecht mir, dass wir jetzt immer genau so Weihnachten feiern.«
»Das können wir nicht versprechen«, antwortet Mama. »Oft kommt alles ganz anders, und dann ist es wie noch nie, so wie heute.«
»Ja!«, sagt Konstantin und drückt seine Mama ganz fest an sich.

Der kleine Engel und die Heilige Nacht

Eine Geschichte von Nicole Büker
Mit Bildern von Gabriele Dal Lago

$\mathcal{M}$anchmal, wenn es draußen ganz still ist, hört man hoch oben zwischen den Wolken ein leises Flüstern. Das sind die kleinen Engel, die sehnsüchtig auf die Neumondnacht warten. Denn sobald der Mond ganz schmal ist, dürfen sie im ganzen Himmelreich glitzernden Sternenstaub verteilen!

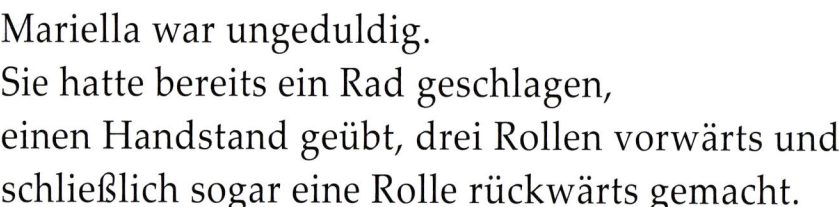

Mariella war ungeduldig.
Sie hatte bereits ein Rad geschlagen,
einen Handstand geübt, drei Rollen vorwärts und
schließlich sogar eine Rolle rückwärts gemacht.
Trotzdem kroch die Zeit für den kleinen Engel
im Schneckentempo dahin.
Wie gerne würde Mariella schon jetzt
herumschwirren und alles
zum Funkeln bringen!

Dann war es endlich so weit:
Die Neumondnacht hatte begonnen.
Mariella sprang vor Freude in die Luft.
Aus allen Himmelsrichtungen schwirrten
kleine Engel herbei. Vergnügt wirbelten sie
ihre Sternenstäbe durch die Luft.
Plim … plom … plum tanzten Milliarden
funkelnder Glitzerpunkte durch den Himmel.
Doch plötzlich entriss eine Windböe Mariella
ihren Sternenstab. Vergeblich versuchte
der kleine Engel, ihn aufzufangen.

»Hilfe!«, rief Mariella entsetzt. »Mein Sternenstab ist weg!«
Da berührte ein sanfter Flügel Mariellas Schulter.
»Fürchte dich nicht! Alles wird gut, wenn du dem
leuchtenden Stern folgst«, verkündete ein wunderschöner Engel
mit singender Stimme.
»Aber … w-welchem Stern soll ich denn folgen?«,
stotterte Mariella und blickte verwirrt in den funkelnden
Sternenhimmel hinauf.
Da war der freundliche Engel schon wieder verschwunden
und Mariella schwebte sanft zur Erde und landete auf einem
hohen Laubhaufen.

»Chrrr … chrrr«, ertönte es plötzlich aus dem Haufen.
Eine winzige feuchte Nase lugte hervor, dann kroch ein
kleiner, niedlicher Igel aus dem Versteck.
»Es tut mir leid, wenn ich dich gestört habe«,
sagte Mariella erschrocken.
Sie schaute sich in der Dunkelheit des Waldes um.
Die Bäume standen so dicht, dass Mariella
den Himmel nicht sehen konnte.
»Lieber Igel, kannst du mich aus dem Wald
herausführen?«, fragte sie.
»Chrrr … leider nein. So weit weg von zu Hause
war ich noch nicht«, gähnte der Igel verschlafen.
»Aber meine Freunde, die Glühwürmchen,
können dir den Weg zeigen.«
Der Igel fiepte einmal kurz und dreimal lang –
und im nächsten Moment schwirrten von
allen Seiten leuchtende Glühwürmchen herbei.

Wie funkelnde Lichterketten tanzten
die Glühwürmchen durch den Wald.
Mariellas Herz hüpfte vor Freude.
Im goldenen Lichtschein verlor der Wald
seinen Schrecken. Neugierig spähte ein Waschbär
hinter einem Baumstumpf hervor.
»Kleiner Engel, was tust du hier unten
auf der Erde?«, brummte er.
»Ich suche einen leuchtenden Stern und
meinen Sternenstab«, erklärte Mariella.

»Kann ich dich auf deiner Suche begleiten?«,
schlug der Waschbär abenteuerlustig vor
und wackelte mit seinen Ohren.

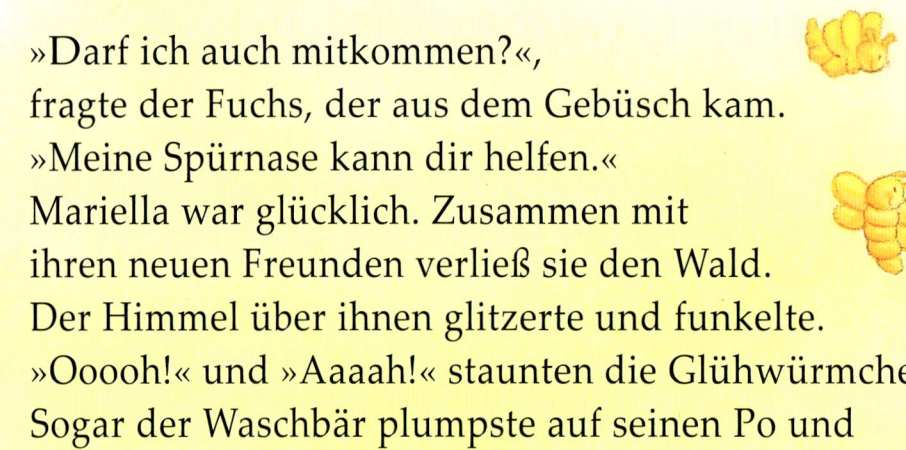

»Darf ich auch mitkommen?«,
fragte der Fuchs, der aus dem Gebüsch kam.
»Meine Spürnase kann dir helfen.«
Mariella war glücklich. Zusammen mit
ihren neuen Freunden verließ sie den Wald.
Der Himmel über ihnen glitzerte und funkelte.
»Ooooh!« und »Aaaah!« staunten die Glühwürmchen.
Sogar der Waschbär plumpste auf seinen Po und
rief überrascht: »Schau mal, kleiner Engel!«
Mariella blinzelte zu den Wolken hinauf.

Da geschah etwas Unglaubliches:
Der Sternenstaub, den Mariella und die anderen
kleinen Engel im Himmel verteilt hatten,
setzte sich zu einem riesengroßen
funkelnden Stern zusammen.
»Das muss der Stern sein, dem ich
folgen soll!«, flüsterte Mariella bewegt.

105

Aus allen Richtungen eilten plötzlich
Tiere herbei: Vögel, Hunde, Katzen, sogar
Mäuse, Esel, Ziegen und Schafe.
Erfüllt vom Zauber dieser Nacht schlossen sich
Mariella und ihre Freunde der Tierkarawane an.
Der Stern führte sie nach Bethlehem, und sie
spürten, dass etwas Besonderes geschehen würde.

Dann hatten sie ihr Ziel erreicht.
Wunderschön strahlte der geheimnisvolle Stern
über einem einfachen Stall. Als Mariella und
die Tiere die Hütte erreichten, hörten sie
eine Stimme. Rasch kletterte Mariella auf das Dach
des Stalls und lauschte der Botschaft:
»Freut euch, denn nun ist der Heiland geboren.
Das Kind von Maria und Josef ist Gottes Sohn.
Sein Name ist Jesus und er wird Frieden
und Liebe auf die Erde bringen.«

Ganz vorsichtig lugte der kleine Engel durch
einen winzigen Spalt im Dach des Stalls.
Zuerst entdeckte Mariella einen Esel,
dann einen Ochsen, ein paar Schafe und
zwei kleine Lämmer.

Maria und Josef füllten eine Futterkrippe mit Stroh
und legten das Neugeborene behutsam hinein.
Die Tiere im Stall rückten nah an die Krippe heran,
um das Jesuskind zu wärmen – auch Mariella wurde
ganz warm ums Herz und sie fühlte die Botschaft
der Heiligen Nacht.

Dann konnte Mariella beobachten, wie die Tiere vor dem
Stall Platz machten, um die Heiligen Drei Könige
aus dem Morgenland hindurchzulassen.
Caspar, Melchior und Balthasar – so hießen die Könige –
waren ebenfalls dem Stern gefolgt.
Sie hatten sich auf ihren Kamelen auf die lange Reise nach
Bethlehem begeben, um das neugeborene Kind zu sehen.
Nacheinander betraten sie den Stall.
Schließlich knieten sie vor dem Heiligen Kind nieder
und beschenkten es mit Gold, Weihrauch und Myrrhe.

Plötzlich dachte der kleine Engel wehmütig
an sein Zuhause.
»Lieber Stern, weißt du vielleicht, wo mein
Sternenstab ist?«, sagte Mariella leise.
Da veränderte der Stern auf einmal seine Form.
Er wurde schmaler und länger, bis der helle Schein
das Dach des Stalls berührte. Mit klopfendem Herzen
flog Mariella auf den Lichtstrahl.
Da entdeckte sie ganz in der Nähe, in den Ästen
eines Olivenbaums, etwas Funkelndes.
Mariella streckte ihre Hand aus und zog einen
glänzenden Stab aus den Ästen.
»Mein Sternenstab!«, rief Mariella froh und bedankte
sich bei dem Stern. Zum Abschied winkte sie
den Tieren zu, die sie begleitet hatten,
und schwebte glücklich über den
Lichtstrahl nach Hause.

Kurz darauf saß Mariella lächelnd auf ihrer Wolke
im Himmelreich. Mit einem Jauchzer wirbelte sie ihren Stab
durch die Luft. Winziger, flitternder Sternenstaub tanzte umher
und die Glitzerteilchen begaben sich sogleich auf eine sehr,
sehr weite Reise ...
Sie folgten einem wundervollen Stern, um schließlich das Dach
eines einfachen Stalls in Bethlehem zu schmücken, in dem
das Heilige Kind in einer Krippe lag.